Elisabeth Wieser Schiestl
Heidemarie Krolak Itten

Frauenpassion

Leiden und Leidenschaft für das Leben

Labyrinth

Durch Zuschüsse und Spenden konnte der Ladenpreis dieses Buches verringert werden. Verlag und Autorinnen danken dafür herzlich dem Land Vorarlberg, der Norddt. Landesbank Braunschweig und den zahlreichen Einzelpersonen in der Schweiz.

Dachsweg 6, 38126 Braunschweig
 Printed in Germany
Umschlag: Hinz & Kunst, Braunschweig
Druck: Brandenburgische Universitätsdruckerei und Verlagsgesellschaft Potsdam mbH

ISBN 3-9801010-6-1

Im August 1997 lernte ich bei einem Besuch zwei außergewöhnliche Frauen kennen: Heidemarie Krolak Itten, eine Berlinerin und praktizierende Psychotherapeutin im Appenzellerland in der Schweiz, und Elisabeth Wieser Schiestl, eine Keramikkünstlerin aus Vorarlberg in Österreich – die beiden Autorinnen dieses Buches. Bilder und Texte ihres Manuskripts hatten bei mir mehr als normales Interesse ausgelöst, ich war davon sehr berührt.

Hier sind zwei Frauen, die andere auf einen Heilungsweg mitnehmen. Sie thematisieren weibliche Krisen und Glücksmomente, sie begleiten und würdigen die weiße, die rote und die schwarze Phase im Frauenleben. Dabei machen sie nicht viele Worte, sondern benutzen einfache Mittel – mit Konzentration auf das Wesentliche. LeserInnen und BetrachterInnen finden, ohne daß sie irgendwelche theoretischen Vorkenntnisse haben müssen, direkten Zugang zu den oft archetypischen Bildern und den lakonischen Texten, die zu ihnen in einem produktiven Spannungsverhältnis stehen. Durch die Texte bekommen die Figuren eine zusätzliche Dimension, wird ein tieferes Verständnis möglich. Die Figuren wiederum geben den Texten ein Bild an die Seite, das weitere Assoziationen auslösen kann.

“Leiden beredt werden zu lassen ist Bedingung aller Wahrheit”, dieser Satz von Theodor W. Adorno, der als Motto über dem einleitenden “Passionsweg” steht, ist der Ausgangspunkt für die eine Seite dieses Buches. Für die andere Seite – leidenschaftliche Liebe zum Leben – wünschen wir uns, daß Frauen ihre eigenen Kräfte entdecken und entwickeln, indem sie auf das göttliche Weibliche in sich vertrauen, und daß sie sich an den starken Frauenfiguren in diesem Buch orientieren und ihr Leben energisch in die Hand nehmen. Jede Frau soll Spuren hinterlassen. G.O.

Frauenpassion

In einer Zeit
wo
lebensfeindliche,
zerstörerische Handlungen,
fast alle von Männern begangen,
nicht enden wollen,
entsteht der Schrei nach Leben.

Das ist die Frauenpassion.
Das Leiden der Frauen im Patriarchat.

Wo Macht über das Leben gestellt
und die Erde
das Wasser
die Luft
die Pflanzen
die Tiere
die Menschen
die Liebe und die Religion
auf ihrem Altar geopfert werden,
sind die Quellen des Lebens vergiftet.

Der Schrei nach Liebe wird laut.

Wo die Frauen
vor zwei-, drei- und vierhundert Jahren
auf den Scheiterhaufen brannten
und noch heute vergewaltigt werden
im Krieg wie im Frieden,

werden die jungen Männer
auf Haß gedrillt und
im Schlachthaus von Kriegen gemetzelt;
so sind sie den alten Vätern
aus dem Weg,
die Macht nicht teilen können
nicht abgeben wollen
ihre Sterblichkeit verleugnen
- und einen wesentlichen Teil
ihres Mannseins unterdrücken:
Zärtlichkeit
Verletzbarkeit
Sinnlichkeit
Sehnsucht
Abhängigkeit.

Da schreien wir nach Liebe.

Wo bis zur Seelenlosigkeit
alles zerstört wird
was einen Wert hat
und nicht gekauft werden kann,
bricht die Frauenpassion auf.

Leidenschaftlich
streiten wir für das Leben,
die Liebe, die Menschlichkeit.

Nichts muß ausgelöscht werden.
Alle Gegensätze können erlöst werden.
Wenn wir auf die Natur schauen,
sehen wir Stärke und Verletzlichkeit,
Sonne und Mond, Tag und Nacht,
Klang und Stille in Kreativität und
Konsequenz immer verbunden.

Die Tugenden des Patriarchats

1 Du sollst leiden

2 Du sollst dich nicht wehren

3 Du sollst nicht merken

4 Du sollst ertragen

5 Du sollst nicht handeln und nicht wissen

6 Du sollst nicht erinnern

7 Du sollst vergessen

8 Du sollst dem Herrn gefallen und
dir kein Bild von dir machen

9 Du sollst nicht würdig sein

10 Gebet

Du sollst leiden

Du sollst dich nicht wehren

Du sollst nicht merken

Du sollst ertragen

Du sollst nicht handeln und nicht wissen

Du sollst nicht erinnern

Du sollst vergessen

Du sollst dem Herrn gefallen und
dir kein Bild von dir machen

Du sollst nicht würdig sein

Gebet

"Leiden beredt werden zu lassen ist Bedingung aller Wahrheit"
Theodor W. Adorno

Mit dem PASSIONSWEG biete ich ein Stück aktueller und historischer Geschichtsaufarbeitung an. Die Arbeit entstand, während Alexandra Stiglmayer ihre Recherchen über die Vergewaltigungslager im ehemaligen Jugoslawien machte und bevor ich das Resultat in der "Weltwoche" lesen konnte.*

Die Ghettoisierung der Frauen zur systematischen Vergewaltigung ist die grausamste Art männlicher Kriegsführung. Sie ist individuell nicht zu bewältigen und taucht aus aktuellem Anlaß in meinen künstlerischen Objekten wieder auf. Das Leid der jugoslawischen Frauen ist beispielhaft für das Leiden aller Frauen, dem noch selten ein öffentliches Denkmal (wie z.B. den männlichen Kriegsopfern) gesetzt wurde. Holocaust an Frauen hat es in der patriarchalen Gesellschaftsform schon immer gegeben, z.B. vom Mittelalter bis ins 18. Jahrhundert hinein mit der Ermordung von zahllosen Frauen auf den Scheiterhaufen der Kirche und der Obrigkeit. Obwohl diese Tatsache durch genügend Dokumente belegt ist, wird in Geschichtsbüchern nur beschränkt darüber berichtet. Auch in der Kirche findet nach wie vor eine große Verdrängung statt: Der Impuls zu den Massentötungen von Frauen kam aus der christlichen Doktrin, die bis heute gilt. Ebenfalls bis heute gibt es dazu keine offizielle Entschuldigung von Seiten der Kirchenmänner, geschweige denn den Versuch einer Aufarbeitung des Geschehens. (Vgl. Editorische Nachbemerkung auf Seite 26)

Frausein ist also seit vielen Jahrhunderten mit Schrecken und Einschüchterung verbunden. Vieles wird erst heute bewußt, und oft

*Der Artikel wird auf Seite 130ff. dokumentiert.

möchte man diesen Schrecken ignorieren. Deshalb orientieren sich viele Frauen lieber an Männern, statt ihr archaisches und individuelles Leiden anzuschauen und zu bearbeiten. Es wird den Frauen auch nicht leicht gemacht, da viele Geschichtsdokumente vergraben bleiben.

Es ist eine große Gefahr, das Leiden der Frauen zu individualisieren und zu psychiatrisieren. Auf der einen Seite werden Frauen heute idealisiert, wie in der Mode-, Kosmetik- und Schauspielbranche, auf der anderen Seite werden viele Frauen in eine Nicht-Existenz hineingedrängt. Sie sind in solcher Situation fraglos integriert, wie z.B. als selbstverständliche Grundlage der Karriere ihrer Männer. Die seelische, geistige und körperliche Entwicklung des Mannes ist aber ohne die gleichberechtigte Entwicklung der Frau undenkbar. Wenn die Frau weiter Objekt des Mannes bleibt, wird seine Entwicklung lediglich Ego-Inflation, d.h. Ich-Aufblähung bleiben, was wir anhand geschichtlicher Beispiele ebenso wie gegenwärtig feststellen können.

Der Passionsweg mit 10 Tafeln ruft das Leiden vieler Frauen in Erinnerung. Veränderung und Heilung setzen den Prozeß der Erinnerung voraus. Der Brennprozeß der Tontafeln erschien mir als Metapher für den leidvollen Weg, den viele Frauen gehen, um zu einer eigenen weiblichen Identität zu gelangen. Frauenfeindlichkeit in Kirche und Gesellschaft und die damit verbundene Dämonisierung und Ausgrenzung von Frauen aus Bildung, Medizin, Politik sowie sakralen Handlungen hat über Jahrhunderte Regeln und Gesetze geschaffen, die Frauen tief verinnerlicht haben und nach denen sie ihr Leben ausrichten. Eherne Gesetze, die ausgesprochen und unausgesprochen existieren: passe dich an, ordne dich unter, halte den Mund, denk nicht nach, traue deinem Gefühl nicht, akzeptiere männliche Gewalt und Machtausübung. Oder: "Du sollst leiden, du sollst dich nicht wehren, du sollst nicht merken, du sollst ertragen, du sollst nicht handeln und nicht wissen, du sollst nicht erinnern, du sollst vergessen, du sollst dem Herrn gefallen und dir kein Bild von dir machen, du sollst nicht würdig sein." Im christlichen Verständnis steht am Ende des Passionsweges die Auferstehung. Die 10. Tafel des Passionsweges steht bei mir für die Hoffnung.

Kein Mann und keine Frau ist für das verantwortlich, was vor ihrem individuellen Leben geschah. Aber jeder/jede ist verantwortlich für sein/ihr Jetzt. Fahren wir fort mit Verdrängung und Verleugnung historischer Tatsachen, oder sind wir bereit, uns mit allem was dazu gehört zu konfrontieren? Auch mit den ohnmächtigen Gefühlen wie Schmerz, Trauer und Wut? Die Integration weiblicher Kraft und Intuition in Religion und Gesellschaft, verbunden mit der Emanzipation des Mannes, könnten zu einer neuen Lebensform führen, wo Männer und Frauen in vollem Bewußtsein ihrer biologischen und psychischen Verschiedenheit als gleichwertige und gleichberechtigte Menschen miteinander leben.

Diese Tontafeln sind gedacht als Denkmäler im Sinne individueller und kollektiver Geschichtsaufarbeitung. Denkmäler schärfen die Erinnerung und unterstützen den Heilungsprozeß. Deshalb hoffe ich, daß in Zukunft an vielen öffentlichen Plätzen solche und ähnliche Denkmäler zu sehen und zu fühlen sein werden. H.K.I. E.W.S.

Editorische Nachbemerkung.

Der obige Text begleitete die "Passions-Mappe" von 1992 (s. Seite 135). Im November 1998 erfuhren wir, daß die Bayerische Landessynode der Evangelisch-lutherischen Kirche im November 1996 "eine Schuldanerkenntnis abgelegt" hat. "Seit 1994 ... (lag) dem evangelischen Kirchenparlament ein Antrag der Erlanger Kulturwissenschaftlerin Birke Grießhammer zum Thema Hexenverfolgung vor." (epd ZA Nr. 230 / 19.11.96)

Die von Frau Grießhammer gegründete und geleitete "Freie Frauengruppe zur Hexenforschung RAUTE" hat eine große Ausstellung mit dazugehörigem umfangreichen Katalog (ISBN 3-923899-20-3) erarbeitet. Der Katalog, in den auch Antrag und Schuldanerkenntnis aufgenommen sind, ist erhältlich über Birke Grießhammer, Helmstraße 1, 91054 Erlangen.

Junge Frau

Erwartung: alles ist offen.

> Vergangenheit meiner Mütter und Schwestern
> sitzt mir im Nacken.

Ich bin voller Wünsche.

> An vielen Orten ist Angst. Sie heißt
> Aids, Gewalt, Demütigung, Krankheit
> und hat noch andere Namen.

Wo ist die Frau,
die mir den Rücken stärkt,
mein Herz wärmt,
damit Vertrauen aus meiner Seele
in den Fluß des Lebens fließt?

Vertrauen möchte ich,
Risiko gerne tragen.

> Die Palette der Krisen der Mütter
> steht schon in meinem Reisepaß.

Ohne Vorurteile sein ist schwer.
Will ich mein Selbst suchen
und nicht an Fassaden kleben,
brauche ich die Mondin im Rücken.

> So schaukle ich mich frei.

Vergewaltigung der Mutter

Es schmerzt mich
Mutter
daß mein Vater
dich
vergewaltigt hat.
Ich stehe zwischen euch
ganz allein.
Mein Herz hat Risse
meine Haut brennt
mein Unterleib ist tot.

Ich habe einen Hunger
den ihr nicht stillen könnt.
Ich stille meinen Hunger
ohne euch.
Ich gehe
meinen eigenen Weg
damit ich heil werde.

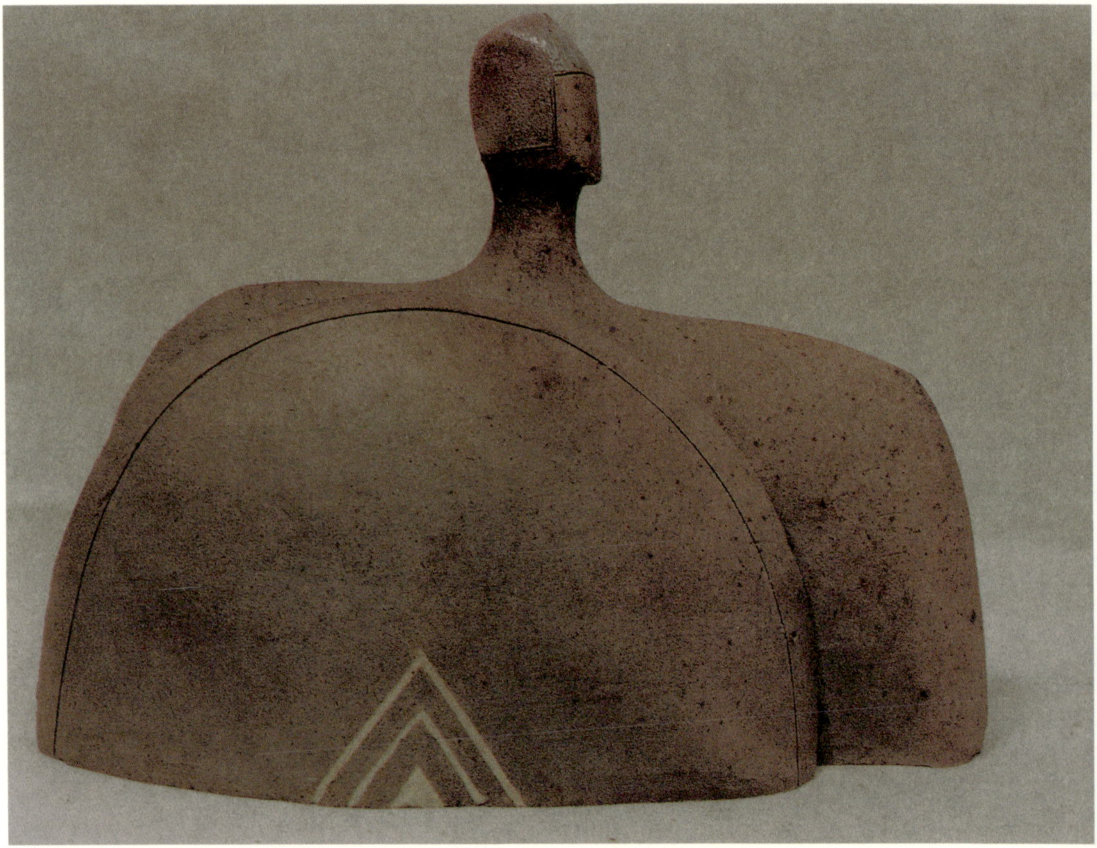

Die Furie

Einhalt!
Und Fluch dem
Geschehen!
Wer wagt es, mein
Territorium zu
betreten
es auszuhöhlen
zu beschmutzen
zu beherrschen
zu zerteilen
zu vergiften
meine
Besucherinnen zu
stören, zu fesseln,
zu vernichten
und siegesberauscht
noch seine Trophäen
zu hinterlassen!
Fort
mit dem Menschen
der dies getan
und damit
sich selbst so fern wurde.

Amazone

Meine Grenze
werde ich
erhobenen Hauptes
immer wieder
verteidigen.
Mein Land gehört selbstverständlich
mir.
Auch das Land der Tochter
werde ich verteidigen
und hüten
damit es
fruchtbar bleibt.

Hunger

Bete nicht vor den falschen Altären
der Couturiers,
der Kosmetikindustrie.
Dort türmen sich die Täuschungen
lauert die Sucht,
die hohl macht.
Von Männeraugen erkannt zu werden
hinterläßt mit der Zeit
den leeren Bauch
wie süß auch die Augenblicke
sein mögen.
Hunger nach der wahren Frau
Hunger nach Leben.

Wer nährt uns
Wer singt mit uns die ewigen Lieder
Wer lehrt uns unsere Tänze
Wer spiegelt unsere Augen
unseren Mund

Wo erkenne ich mich
höre ich mich
sehe ich mich
fühle ich mich

Ich suche die Frauen
die mich leiten.

Meditation

Ich bin da.
Ich will ganz da sein.
Ich mag mich.
Ich höre mir zu.
Ich fühle mich.
Ich sehe und erkenne mich.
Ich respektiere meine Grenzen.
Ich bin einmalig auf der Welt.
Ich bin eine Frau.
Ich glaube an mich.
Ich bin Kraft. Ich tanze meine Kraft.
Ich liebe mich.
Ich bin Wahrheit und liebe die Wahrheit.
Ich höre die Wahrheit draußen
und die Wahrheit drinnen.
Wahrheit und Liebe bringen mir Heilung.
Ich bin verbunden mit allem, was ich brauche.

Wenn ich nicht mehr weiter weiß, rufe ich um Hilfe.

Boote erzählen vom Abschiednehmen und vom Ankommen an neuen Ufern. Sie wissen von Stürmen und vom Stranden. Boote sind ein Bild für das Übersetzen in eine neue Welt, für das Überschreiten von Grenzen.

Traum

Ein Boot
fährt zum anderen Ufer
Auf dem Boot
fällt die Maske
Darunter
war das Grauen
war die Furcht
war der Schmerz
so bedeckt
von der Maske
daß alle meinten
sie sei die
glücklichste Frau
der Welt.

Die Ehefrau

Weil ich dein
Eigen bin
kannst du mich
immer haben - denkst du.
Zur Not mit Gewalt
das erregt dich
noch mehr.

Die Ehe ist doch kein
Selbstbedienungsladen.
Ich will dich nicht
und habe das Recht
dich nicht
zu wollen.

Vergewaltigung

Christa
Sophia
Eva-Maria
Vergewaltigung
schlug sie ans Kreuz.

Mutter
vergib ihm
denn auch er
ist aus deinem
Schoß geboren.
Er wußte
was er tat
und wußte es doch nicht.

Mein ist die Rache
spricht die Göttin
auch auf
Erden muß
Gerechtigkeit sein.
Zögere nicht
sie zu suchen
warte nicht.
Gehst du ihr
entgegen
will ich dich mit
Pfeil und Bogen
begleiten.

Aus-Weg

Verzeiht
meine Kinder
in meiner Qual
wußte ich
keinen anderen Weg
als zu sterben.
Die Verzweiflung hat meine Lungen
aufgefressen
mein Herz stand einfach still
ich hatte mich verloren
wie gerne wäre ich bei euch
geblieben.

Krebsvorsorge

Leb doch deinen
Widerstand
Frau
Weiblichkeit
besiegt den Tod
sie frißt das
nagende Ungeheuer
in deinem Bauch
und lacht noch
dabei
Nimm dein Kreuz
stehe auf und
wehre dich
schreie, weine,
rebelliere

Wasser und Öl

Weil ich mich nicht liebe
hasse ich mich.
Ich arbeite viel, ich leiste was,
mir selbst bin ich nichts wert.

Ich bin so müde, ich schaffe es nie,
wenn ich meinen Mann verlasse, bin ich niemand.
Ich kämpfe für Gerechtigkeit in der Welt
und kann mich selbst nicht verteidigen.

Glaubst du an mich?
Ich habe keine Lust mehr zu leben.
Hol mich hier weg!

... ich komme ich komme
gebe dir einen Blitz und einen Donner in deine Hände,
dazu ein Schwert für die Ent-Scheidungen
einen Schild für deinen Bauch,
schicke dir Wind für den Raum deiner Lungen.

Nimm dein Bett und geh.

Alleinreisend

Alleinreisend
begann ich den Weg
in mein Dasein.

Als Ovum verließ ich
die heilige Schwesternschaft
reiste im Eileiter
nichtwissend wohin.

Ich sprang in die Einsamkeit:
Das Risiko, im Nichts zu enden
oder Ich zu werden
bin ich schon einmal eingegangen.

Weshalb sollte ich Angst haben,
wieder einen Sprung zu tun!

Wunsch

Gerne würde ich hier
sitzen und schreiben
- Hunger Hunger Hunger
schreien meine Kinder
und ich bin ganz zerrissen
wenn ich schreiben
will
und ihnen zu essen geben
soll.
Nicht so bei den
Nubu-Frauen:
Ist eine von der
heiligen Kraft
befallen
geben selbstverständlich
die anderen Frauen
den Kindern zu essen
und sie ist hochgeehrt,
auch wenn sie dabei nichts
produziert.
Ich habe ihnen
sogar einen Kuchen
gebacken - doch der paßte ihnen
heute nicht in den Kram.

Thron des traurigen Tales

Einst
werde ich wieder in der Sonne sitzen.
Einsamkeit, die ich fühle, ist meine Angst
und war nicht meine Gewohnheit.

Bin ich aus der Ordnung gefallen,
wenn ich allein bin?
Bin ich nicht liebenswert,
nicht wert, begehrt zu sein?
Monate, Jahre - zweifle ich an mir.

Träume ich mich in mein offenes Herz
lichtet sich meine Seele.
Ich nehme wahr:
Alleinsein ist meine Wahl.

Ich brauchte Raum,
um zu mir zu finden.
Heute begrüße ich mich
wo immer ich bin.

Neuer Anfang

Jenseits der
Risse
bahnt das dünne
goldene Rinnsal
sich einen Weg.
Unbegreiflich
unaufhaltsam
beginnt die
Heilung:
Ich packe
den apokalyptischen
Stier bei den
Hörnern
und führe ihn
zum Wasser
der Erlösung
damit ich
nicht zerbreche.

wo bist
Du, Adam

Gebet

Mein ist die
Gebärmutter
und der Bauch
und der Eierstock
und die Vagina
und die Verhütung
in Ewigkeit
und Seligkeit

Amen.

Blut

Mein Blut
ist mir heilig
deshalb brauche
ich kein
anderes Blut
zu vergießen.

Meine Sexualität gibt mir eine
Ahnung von Verletzlichkeit
und Stärke
von Macht und Ohnmacht
vom Zyklus ewiger Ordnung.

Was brauche ich da Krieg,
um mich zu beweisen.

Wechseljahre

Kraft wird groß
kommt in Wellen,
anders als Wehen schüttelt's mich.
Nichts bleibt von alter Ordnung.

Weit werden die Sinne
zurück lasse ich alte Felder
neue gilt es zu bestellen
mit Worten und mit Taten.

Hüterin des Tals des Todes
gib mir Vertrauen in meine Vernunft
Heilige Geistin
leite meine Träume
über die Schwelle
der Wahrheit
entlasse mich in die Süße
und die Leichtigkeit.

Boote wissen von Stürmen, vom Stranden und vom ruhigen Dahingleiten. Seelen wurden mit ihnen auf die Reise geschickt. Boote sind ein Bild für das Übersetzen in eine neue Welt, für das Finden neuer innerer Räume und das Überschreiten von Grenzen.

Sphinx

Sphinx
Quelle der Kraft
Schwellenhüterin.

Ein Wunder, daß wir
trotz aller Gewalt,
trotz Mord,
Verstümmelung, Inzest,
nach zahllosen
Scheiterhaufen
als Spezies Frau
nicht ausgestorben sind.

Ich bin unabhängig
und stark weil
ich meine Abhängigkeit kenne.
Das Wissen unserer Ahninnen
wird lebendig
wenn wir es suchen.

Schöpferin

In der Liebe
zum Frausein
überwinde ich die Angst.

In der Weiblichkeit
kann ich
ewig auferstehn.

Die Gebärmutter
ist das erste
Kirchenschiff
heilig
voller Andacht und Gebet.

Lust

Lachend
kugelt
sie sich
vom Berg herunter
und
entledigt sich
ihrer Spitzenstrümpfe.

Brüllend
findet sie sich
nicht unweiblich:

ein Vulkan
brüllt auch

Göttin

Nicht starre
Bilder
sollst du dir
machen von
mir
du
sollst mich
tanzen

Mutter unsere

Die Göttin liebt
alle ihre Kinder,
gleich welchen Geschlechts.

Manchmal
lassen auch Männer
sich von ihrer Botschaft leiten
und gehen ihren Weg.

Mutter unsere
gib mir Heimat
gib mir die Kraft
zu unterscheiden.

Lied der Hopi-Indianer

Du bist
die immer wieder
aufgehende Sonne
in meinem Herzen
für immer und immer und immer

kuate
leno
leno
mehote
hyano
hyano
hyano

Sheila na gig

Ich bin die heilige Hexe
aus dem alten Irland.
Ich lasse stolz meine Vulva sehen,
denn auch sie ist heilig,
und gesegnet ist, wer sie berührt.
Ich werde Sheila na gig genannt.

Ich komme aus den Nebeln vergangener Zeit
als alle wußten, daß
die Vulva
die Brüste
der Bauch der Frau
Leben auf die Welt bringen,
aus einer Zeit, in der Frauen Magierinnen waren und verehrt,
einer Zeit, als die Menschen dem Lebenszyklus mit Ehrfurcht begegneten:
Geburt, Reife, Tod,
Wiedergeburt, Reife, Tod,
Wiedergeburt

Ich war die weise Alte,
Geburtshelferin für die Sterbenden.
Ich zeigte meine Vulva,
das Tor zu neuem Leben,
das Versprechen nie endender Wiederkehr.
Sheila na gig, die Alte, Begleiterin in den Tod.
Ich erleichtere den Weg und
helfe beim Übergang des Körpers in die Sphäre der Geistin.

Ich bin die heilige Hexe
aus dem alten Irland,
deren betagte Vulva
dich segnet und beschützt.

Als die Göttin sich zurückzog,
im Dunkelmond auszuruhn,
blieben Bilder von mir erhalten.
Von Kirchenportalen des Vatergotts
segne ich dich noch heute.
Mögest du Ehrfurcht haben vor
deinem weiblichen Körper.
Mögest du deine eigene
unschuldige Vulva segnen.
Ich bin Sheila na gig,
Irlands heilige Hexe.
Ich lebe ewig fort.

Antiga
(gewidmet Patricia Managhan
Lammas 1994)

Namenlose

Komm aus deinem Versteck
Namenlose Kraft
Ich sehe, wie du dich häutest
aus deinen Krusten
Ich versuche dich Göttin zu nennen
Wenn ich auch weiß
das Wort ist nur eine Chiffre
wie auch die Bilder von dir
Gestalten sind
von denen ich wieder lassen muß
um meine eigene Form
zu finden.

Göttin
ich brauche Dich
Zeige Dich mir
damit ich
das Unfaßbare
fasse.

In deiner Spirale
bewege ich mich
als Schnecke
und vermehre
mich tausendfach,
mein Bewußtsein
hört nicht auf.

Ich bin die Quelle
ich bin der Weg
ich bin die endlos
Wiederkehrende

Boote erzählen vom Abschiednehmen und vom Ankommen an neuen Ufern. Seelen wurden auf ihnen auf die Reise geschickt, und die Fahrt wurde zum Wiedergeburtsritual. Boote sind ein Bild für das Übersetzen in eine neue Welt. Boote haben mit Fließen zu tun, mit Bewegung, nur wenn wir im Fluß bleiben, sind wir lebendig.

Die Künstlerin Elisabeth Wieser Schiestl

Die Autorin Heidemarie Krolak Itten

Elisabeth Wieser Schiestl

Als Heidemarie Krolak Itten mich einmal in meiner Werkstatt besuchte und die Arbeiten der letzten Jahre sah, hatte sie die Idee eines gemeinsamen Buches. In der Tat, wir sprechen vom Gleichen mit verschiedenen Mitteln, sie mit dem Wort, ich mit der Erde als Gestaltungsmittel – vom Frauenschicksal.

Frauenspezifische Themen durchziehen meine Arbeit von Anfang an. 1978 habe ich zum Ton gefunden. Es war eine leidenschaftliche Begegnung. Fast ein bißchen ehrfürchtig bin ich vor meinem Tun: zum einen wegen der schwierigen Technologie der Keramik, zum andern wegen der alchemistischen Dimension durch die Elemente Wasser, Erde, Feuer und die Inspiration durch die Luft.
Mit Faszination und Hingabe habe ich mich dem Material Ton in seinen vielfältigen Ausdrucksmöglichkeiten genähert. Die Sprödheit und Verletzbarkeit, die dem Material innewohnt, ist dabei für mich wichtig. So kann ich meine Liebe zum Fragment durchspielen. Im Fragment ruht ein Potential für Entwicklung und Ganzwerden. Risse setze ich gezielt ein und erwarte sie als Ergebnis unterschiedlicher Schrumpfungsprozesse. Sie sind Bilder für Lebensspuren und Befindlichkeiten. Gedanken und Gefühle forme ich in Ton, reagiere auf Situationen, die um mich herum passieren. Innere und äußere Welt tritt in einen Dialog und vermischt sich.

Immer wieder spielt das Thema Veränderung, Neuwerden eine Rolle. Deshalb ist mir der Umgang mit dem

Feuer sehr wichtig: Die Glut, die Hitze, das Eingreifenkönnen am Ofen. Das Feuer spielt, entfaltet seine Pracht und Magie, es erhöht, reduziert und zerstört, wenn es will. Es entschleiert und macht sichtbar – Stärken und Schwächen. Das Feuer ist eine strenge Lehrerin, und es lehrt mich immer wieder: Umwandlung ist möglich, und diese Metamorphose heißt Leben.

1943 geboren in Hohenems, Österreich
1963 Diplom an der Sozialakademie Innsbruck
1967, 1969, 1974 Geburt der Kinder
Seit 1978 intensive Auseinandersetzung mit Ton, Glasuren und alternativen Brennmethoden
1980 Gründung der eigenen Werkstatt in Hohenems
1985 Studienreise nach Japan
1986 1. Preis für Rakuarbeiten "Keramik Magazin", Berlin
1991 Lehrauftrag an der Techn. Universität Graz
Umfangreiche Lehrtätigkeit in der Erwachsenenbildung
1992 Zyklus "Frauenpassion"
1995 Zyklus "Lust"
Seit 1984 regelmäßige Ausstellungstätigkeit und Teilnahme an Gruppenausstellungen in Österreich, Schweiz, Deutschland, Jugoslawien

Heidemarie Krolak Itten

In den Texten, die ich den Skulpturen von Elisabeth Wieser Schiestl an die Seite stelle, habe ich das Gesagte, Geweinte und Geträumte von vielen Frauen verarbeitet. Sie haben es mir – meistens in meiner psychotherapeutischen Praxis – erzählt. Es sind keine spontanen Äußerungen.
In einem an Zen angelehnten Stil gebe ich in den Texten nur Essenzen wieder. Ähnlich wie die Essenz einer Pflanze, die Belebung und Heilung bewirkt, sollen auch die Worte wirken. Sie klingen ins Unbewußte und ins Herz hinein. Einige folgen dem Herzrhythmus. Bisweilen stolprig, arhythmisch, verlangsamt, beschleunigt oder rasend, zeugt der Herzrhythmus von Stolpersteinen und Fallgruben, den Katastrophen und deren Überwindung im Leben von Frauen.
Im Berlin der Nachkriegszeit aufgewachsen, habe ich mich schon früh mit Gewalt und Leidenschaft auseinandergesetzt. Obwohl Schweizerin geworden und seit 20 Jahren in der Schweiz mit Kindern, Ehemann und Gemeinschaftspraxis ansässig, schlägt mein Herz immer noch für diese Stadt. Dort arbeitete ich im Gefängnis mit lebenslänglich inhaftierten Männern – mit Mördern, Räubern, Vergewaltigern. Sie lehrten mich vieles. In der Psychiatrie betreute ich chronisch internierte Frauen. Erst in der Schweiz kam ich dazu, mich tiefer der Arbeit mit Frauen zu widmen. Helvetia führte mich durch die lokalen Gegebenheiten sanft zu tieferen Einsichten und stellte mich an die Seite der Frauen. Aber auch Männer nehmen meine Begleitung oft in Anspruch, weil sie mehr und mehr ihre komplexen Defizite wahrnehmen und das Beseelte nicht mehr an ihre Frauen, Mütter oder Freundinnen delegieren wollen.

Raphael Itten

Wir lernen mehr aus unseren Fehlern als aus unseren Erfolgen. Wenn wir uns unsere Fehler nicht gegenseitig vorwerfen oder uns selbst damit wie mit einem Nagel an die Wand schlagen, können wir uns noch unbekannte Wege entdekken. Diese Entdeckungsreise führt uns zu unseren weiblichen Ressourcen und unserem Lebens- und Liebespotential. Wo viel Schatten ist, ist auch viel Licht. Verwandlung braucht beides.

1950 geboren in Berlin-Mitte
1970-76 Studium der Psychologie und Medizin, FU Berlin.
Erfuhr indianische Initiation.
1978 Übersiedlung in die Schweiz
Seit 1980 in St. Gallen, CH, tätig als Psychotherapeutin, Supervisorin, Lehrtherapeutin. Diverse Vorträge und Workshops zu Frauenthemen in D, CH, A, USA sowie Publikationen im Kreuz-Verlag. Das Schweigen im Appenzellerland, in dem ich seit 1982 wohne, hat mich zum Schreiben gebracht. Das Unterdrückte und das Rebellische in diesem Kanton bringen meine eigenen Themen zum Klingen und geben dem einen Rahmen, das an mich herangetragen wird.

Bildlegenden

Ohne Titel (1991),
Holzofen 1280°, Steinzeugton

Wo sind taugliche Aussagen über Weiblichkeit? Kann mir meine weibliche Linie nach hinten etwas bieten? Kann mir mein Umfeld etwas bieten? Oder muß ich meine Augen erheben und über Grenzen schauen, über Zeiträume und Traditionen hinweg?

Seite 11

Du sollst leiden (1992),
Raku 1000°, Steinzeugton,
Höhe 45 cm

Erste der zehn Tafeln aus dem Zyklus "Frauenpassion". Genaueres zum "Passionsweg" auf den Seiten 24ff.

Seite 14

Vergiß deine Grenzen (1997)
Raku 1100°, Steinzeugton,
Höhe 36 cm

Oh wie schön und lustvoll ist es manchmal, eine neue Haut, neue Sachen, neue Rollen auszuprobieren! Was hält uns zurück? Lohnt es sich nicht herauszufinden: Was tut *mir* wohl? Was tut mir wohl, fernab aller Erwartungen und Zuschreibungen? Was bedeutet Frausein wirklich - für mich?

Seite 29

Selene, die Mondgöttin
(1997), Holzofen 1280°,
Steinzeugton, Höhe 27 cm

Junge Frau mit der zunehmenden Mondsichel. Sie erfährt ihren Körper in seinem Rhythmus, in seinen Wandlungsphasen, wie sie schon unsere Ahninnen im Mond erkannt haben.

Seite 31

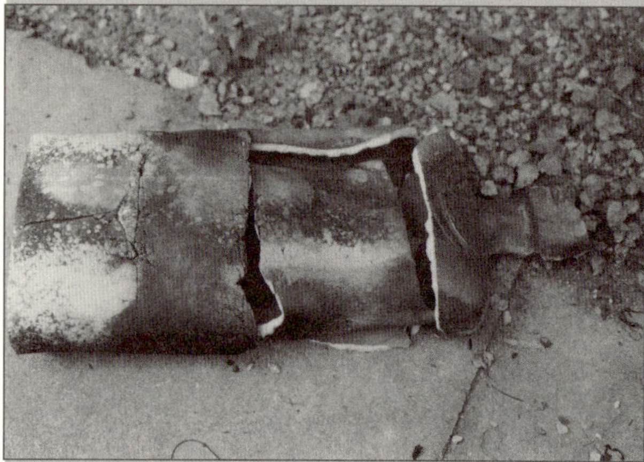

Ohne Titel (1991),
Raku 1000°,
Steinzeugton

Das Bild spricht für sich. Zerstörung, manchmal lebenslanger Tod durch Gewalt.

Seite 32

Amazonen(1990; 1991), Holzofen 1280°; 1100°, Steinzeugton,
Höhe 30 cm; 40 cm

Das archetypische Bild der "Jungfrau". Für mich ist es wichtig geworden während der Suche: Was ist Frau, was ist weiblich? Die Amazone steht für mich außerhalb des individuellen Lebens.

Seite 34 Seite 37

Frau Sonne und Frau Mond (1991), Raku 1000°, Steinzeugton, Höhe 52 cm

In diesem Bild geht es um Mond- und Sonnenbewußtsein, um das Erleben und Leben von beiden im Gleichgewicht. Nach meiner persönlichen Erfahrung braucht es viel Zeit und Übung, dahin zu gelangen, und es gelingt meist erst den weisen Alten, die dann den Jungen beistehen können. Seite 39

Rat der Begleiterinnen (Hohepriesterinnen) (1991), Raku 1000°, Steinzeugton

Diese Frauen verkörpern die Kraft, die aus Lebenserfahrung erwächst, aus dem Wissen, das aus gelebtem Leben gefiltert ist. Sie sind auch die verschiedenen Kräfte in einer einzelnen Frau, einer Frau, die ihr Wissen weitergibt und zum Wohle aller wirkt.

Seite 41

Mit lunarem Wasser getauft (1996), Holzofen 1280°, Steinzeugton, Höhe 36 cm

Die Frau auf der Treppe blickt nicht zurück, sie blickt klar nach vorne. Sie drückt aus: Ich will mich nicht in der Vergangenheit verlieren, obwohl ich sie als zu mir gehörend akzeptiere und achte. Es ist wichtig, die eigene Biographie zu kennen und zu fühlen. Aber dann gilt es, nach vorne zu schauen und das Jetzt wahrzunehmen.

Seite 42

Mein Land (1998), Raku 1000°, Steinzeugton, Höhe 37 cm

Diese Plastik entstammt meiner letzten Arbeitsphase. Es geht um den Zusammenhang von Sexualität und Spiritualität. Getrennt und gespalten ist dieses Paar in unserer abendländischen Kultur. Tief beeindruckt war ich jedesmal auf meinen Reisen in Indien, Nepal und Bhutan von der Tatsache, daß Erotik und Sinnlichkeit in direktem Zusammenhang mit dem Göttlichen gesehen wird. Was ist das für ein anderer Ausgangspunkt für Sexualität als in unserer Kultur!

Seite 45

"Lieder auf der Flucht" (1992), Raku 1000°, Steinzeugton

Nach einem Gedichtzyklus von Ingeborg Bachmann in "Anrufung des Großen Bären"

Seite 47

Metamorphose (1985), Raku 1000°, Steinzeugton, Höhe 27 cm

Wer hat sich nicht schon die Frage nach dem Sinn des Lebens gestellt? Eine mögliche Antwort heißt: ENT - WICKLUNG.

Seite 49

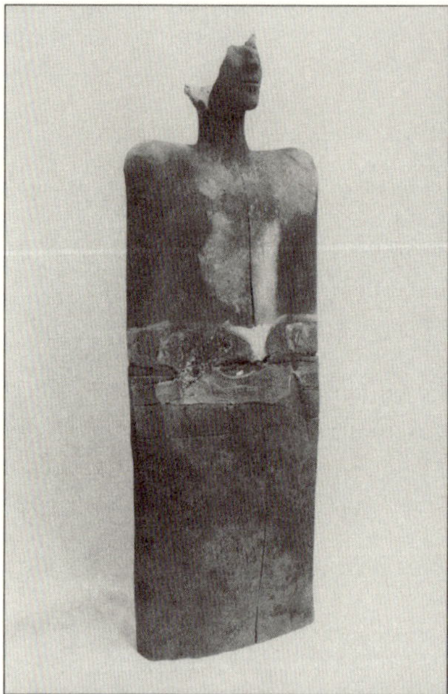

Figur (1991),
Raku 1000°, Steinzeugton,
Höhe 45 cm

Eine Frau mit gebrochenem Selbstbewußtsein, gefesselt. Das Bild spricht vom Verlust: vom Verlust der Verbindung zu sich selbst und den inneren Kräften. Vom Verlust der Fähigkeit, sich aus der eigenen Weiblichkeit heraus wahrzunehmen und sich nicht vom männlichen Blick abhängig zu machen

Seite 51

Du sollst dich nicht wehren
(1992), Raku 1000°,
Steinzeugton

Zweite der zehn Tafeln aus dem Zyklus "Frauenpassion". Genaueres zum "Passionsweg" auf den Seiten 24ff.

Seite 53

Ausweg (1991), ungebrannter Zustand. Ein Arbeitsfoto aus dem Atelier

Eine Freundin fotografierte diese Figuren mit dem Ausruf: Oh, wie schön sind sie in ungebranntem Zustand.
Ja, Ton ist besonders ausdrucksstark, wenn er noch Feuchtigkeit atmet, gerade frisch geformt ist.

Seite 55

Torso (1991), Raku 1000°, Steinzeugton und Porzellan, H 43 cm

Das Thema ist Häutung. Jede Haut erneuert sich in bestimmten Zeitabständen. Entwicklungsprozesse machen uns bewußt, daß alte Häute und Hüllen nicht mehr passen, obwohl sie manchmal lange Schutz und Stabilität gaben. Im übertragenen Sinn: rein in den Ofen, Verbrennungen in Kauf nehmen und darauf vertrauen, daß eine neue Haut wächst... Das alte Bild der sich häutenden Schlange, des heiligen Tiers der Göttin. Ich Menschenfrau muß lernen: alles was einen Anfang hat, hat auch ein Ende. Das ist das Gesetz der Göttin. – Bringe es in dein Leben! Sonst verursachst du Leiden.

Seite 57

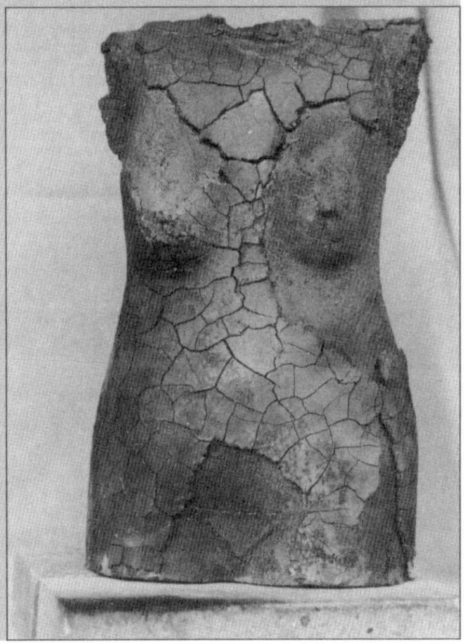

Schild (1993), Raku 1000°, Steinzeugton, D: 57 cm

Ein Schild markiert eine Grenze. Mit Worten und Handlungen können Grenzen wahrgenommen und ausgedrückt werden. Grenzen müssen geschützt und verteidigt werden. Auch mein Arbeitsmaterial Ton hat Grenzen. Manche Vorstellungen lassen sich nicht verwirklichen. Durch Kontinuität und Intensität in meiner Arbeit kann ich Materialgrenzen verschieben. Und ich denke, das gilt auch auf seelisch-geistiger Ebene: Im Fluß des Lebens werden Grenzen verändert.

Seite 59

Ohne Titel (1991), Holzofen 1280°, Steinzeugton

Frau auf der Lebenswanderung

Seite 61

Lust auf Veränderung (1995), Gasofen1220°, Steinzeugton, Höhe 35 cm

Ich liebe diese Figur. Sie paßt immer dann, wenn neue, inspirierende Kräfte in uns wachwerden und uns weitergehen lassen, wenn wir erproben, wo und wie unser Weg ist. So war es bei mir. Mit den Federn verbinde ich eine gewisse Leichtfüßigkeit, ein Sich-erheben-können über Traditionen und Zwänge, Momente des Überblicks, des Mutes und Vertrauens in die eigene Kraft.

Seite 63

Was nicht hier ist, ist nirgendwo (1996), Raku 1100°, Steinzeugton, Höhe 30 cm

Diese Skulptur ist entstanden, als ich mich einmal sehr in Balance fühlte. Ich denke, sie soll Wohlgefühl ausdrücken, Präsenz, Heil-Sein. Eine Frau, die bei ihrem Geschlecht angekommen ist, sie IST Frau, und das ist sehr gut so, sie muß nicht mehr dafür kämpfen.

Seite 65

Lust auf Neubeginn (1995), Gasofen1220°, Steinzeugton, Höhe 26 cm

Wo bist du, Adam - eine von meinen Plastiken, die in Auseinandersetzung mit dem Thema Lust entstanden sind. Neubeginn ist immer und überall möglich. Und wie wunderbar ist es, wenn wir mit unserer Lebensenergie verbunden sind. Denn dann geschieht alles Neue lustvoll, was Kreativität und Ausdauer miteinschließt.

Seite 67

Lust auf eigene Verantwortung (1995), Gasofen1220°, Steinzeugton, Höhe 28 cm

Pflicht und Lust: wenn ich selbstbestimmt leben will, dann sind da nicht nur all die neuen Freiheiten, dann ist es auch Verantwortung, die ich für mein Leben tragen muß. Ich darf alles ausprobieren, wenn ich bereit bin, die Verantwortung dafür zu tragen. Dann erlange ich Autonomie. - Im Speziellen habe ich natürlich an das Recht jeder Frau gedacht, selbst zu entscheiden, eine Schwangerschaft auszutragen oder zu beenden. Seite 69

Roter Stuhl (1996), Raku
1100°, Steinzeugton,
Höhe 44 cm

Eine mit sich selbst identische Frau

Seite 71

Frau im Ofen (1997). Während des Brennprozesses fotografiert.

Die Hitzeschübe, die typisch sind für die Wechseljahre, vermitteln meist wirklich das Gefühl, in einem Ofen zu sitzen. Glühende Wellen gehen durch uns hindurch. Ich habe diese Zeit sehr bewußt durchlebt und die Hitze mit großem Erstaunen wahrgenommen, sie sogar manchmal als lustvoll empfunden. Welche Energie wohnt in meinem Körper! Und ich nahm es auch als Chance wahr: als Chance, nochmals vieles in mir verbrennen zu können.

Seite 73

Vision (1996),
Raku 1100°, Steinzeugton,
Höhe 53 cm

Ich bin 55 Jahre alt. Meistens lebe ich gerne und intensiv. Nicht trotzdem, sondern deshalb denke ich viel über Alter, Schicksal, Tod und Zerstörung nach. Alter kann Verheißung sein. Dann nämlich, wenn wir in Beziehung treten mit dem Archetyp der weisen Alten, einer Gestalt, die Antwort gibt auf existenzielle Fragen. Ihre Symbolik weist auf die Gezeiten des Lebens und der Natur, auf Kreativität, Transformation und Wiedergeburt.

Seite 77

"Lieder auf der Flucht" (1992), Raku 1000°, Steinzeugton

Die Boote entstanden im Zusammenhang mit Nachrichten über die Menschen, die auf der Flucht aus ihrer Heimat in ein Boot springen, ohne zu wissen, wo sie hinkommen werden.
(Zum Titel vgl. S. 115)

Seite 79

Wächterin (1990), Holzofen 1280°, Steinzeugton, Höhe 25 cm

Ein archetypisches Bild: Die Sphinx bewacht die Schwelle und läßt nur die passieren, die die wesentlichen Fragen beantworten können.

Seite 81

Idol (1993), Raku 1000°, Steinzeugton, H: 24 cm

Die Rück-Verbindung zu einem weiblich Göttlichen, dessen Darstellung in so vielen Figuren erhalten geblieben ist, stärkt weibliches Bewußtsein. Ich spüre eine ganz starke Verbindung zu diesen alten Zeugnissen weiblicher Macht und Stärke. In Museen stehe ich davor, tief bewegt von der Kraft, die sie auch heute noch ausstrahlen.

Seite 83

Lust auf Zeitverschwendung (1995), Gasofen 1220°, Steinzeugton, Höhe 22 cm

Eine ganz wichtige Figur für mich: Ich habe viele innere Stimmen, die mich ständig zum Tun antreiben. Ich will lernen, Sinn auch im Nicht-Tun zu erleben, mich den unscheinbaren, kleinen, aber wesentlichen Dingen des Lebens zuzuwenden. Das öffnet Kanäle zu Freude, Kreativität und Lebenslust.

Seite 85

Tanz (1992)
Holzofen 1280°, Porzellan, Höhe 17 cm

Ich kann Unruhe, Angst und Sorgen mit Tanz auflösen. Das beschert mir Ruhe, Sammlung und einen klaren Blick - in jeder Lebensphase.

Seite 87

Fährfrau (1998),
Gasofen 1280°, Paper Clay,
Höhe 36 cm

Diese Figur ist mit 36 cm äußerlich klein. Aber sie ist inhaltlich groß für mich, denn sie enthält alle meine wichtigen Themen: das Boot, den Mond, die Frau.

Seite 89

Sonnenträgerin (1996),
Raku 1100°, Steinzeugton,
Höhe 64 cm

Die Sonne als Bild für klares Bewußtsein. Heute denke ich, die Figur sieht aus, als trüge sie einen blauen Ball, auch Ausdruck der Freude, des spielerischen Umgangs mit Theorien und Thesen, der Lust, sich der Suche nach dem eigenen Weg hinzugeben, die wohl ein Leben lang dauert.

Seite 91

Tor (1996), Holzofen 1280°, Steinzeugton, Höhe 24 cm

Nach meiner Begegnung mit Sheila na gig 1996 in Irland entstanden. Ein Jahr später fand ich das Gedicht von Antiga (das auf Seite 93 und 94 steht); es drückt all das aus, was ich fühle.

Seite 92

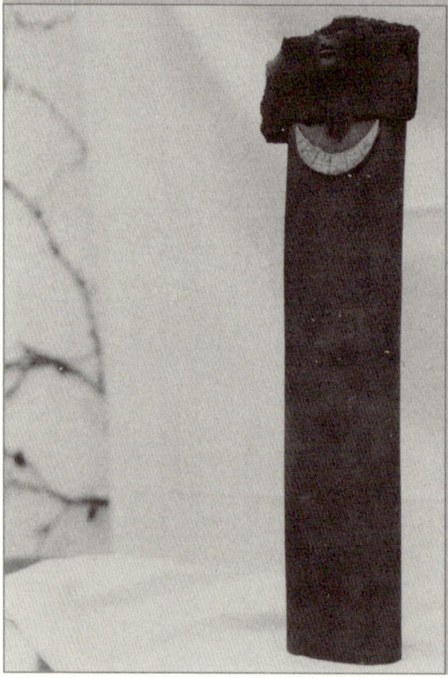

Schamanin (1991), Raku 1000°, Steinzeugton, Höhe 52 cm

Ein heilsames Bild. Die Schamanin hat Zugang zu allen Welten. Dieses Bild gehört in die schwarze Phase, die Zeit nach der Menopause. Dort ist der Ort, wo die Schamaninnenqualitäten entwickelt werden, wo sie kultiviert und gelebt werden.

Seite 95

Blick in den glühenden Ofen, die Figur zeigt sich (vgl. auch die beiden folgenden Seiten)

Dieses Bild mag ich sehr. Alte Erfahrungen und Berichte schwingen mit, das Göttliche erscheint im Feuer (vgl. der brennende Dornbusch). Das hat mit dem "ganz anderen" zu tun, mit Transformation, mit Ehrfurcht und Respekt, mit dem Wissen um das eigene Sein. Im Bild des Ofens aber auch mit Alchemie und mit dem großen Kessel, in dem die göttliche Alte rührt, in dem Veränderung und Bildung von Essenz geschieht. In diesem Bild zeigen sich viele Geheimnisse unseres Daseins. Auf der Ebene des menschlichen Weges als Entwicklung heißt es wohl, "du mußt ins Feuer hocken, um neu zu werden". Das heißt, du mußt auch durch Leid und Schmerz, damit Frau Phönix auffliegen kann. - Ich springe nun auf die Ebene meines praktischen Tuns: Das Feuer ist niedergebrannt, und ich öffne den Ofen. Aus meiner modellierten Arbeit, hochempfindlich und zerbrechlich, die mit absoluter Vorsicht und Konzentration in den Ofen transportiert werden muß,

Seite 97

ist eine harte Keramik geworden, die mich mit einem hellen Klang entzückt. Eine ungeheure Umwandlung ist geschehen.
Gibt es ein schöneres Bild für menschliche Entwicklung?

Blick in den Ofen (1995), Koksbrand 1250°, Steinzeugton

Seite 99

Seite 101

Ich habe diese Figur für eine Ausstellung mit dem Thema LUST gearbeitet. Aber: als sie so dastand (im Vollbesitz all ihrer Kräfte), sagten alle, die sie sahen: GÖTTIN. In diesem Fall wurde mir ein Titel serviert, und ich habe ihn gern übernommen und beibehalten. Denn es stimmt: jede Frau, die im Einklang mit den Bedürfnissen ihres Körpers, ihrer Seele und ihres Geistes lebt, ist in Kontakt mit dem Göttlichen in ihr. Und das läßt uns wohl diese Figur erfahren.

Göttin im Ofen (1995), Koksbrand 1250°, Steinzeugton, Höhe 95 cm

Die Göttin als Ausdruck des weiblichen Prinzips - das gibt ein anderes Selbstverständnis als das Bild der Frau, die aus der männlichen Rippe entstanden sein soll und sich wehren muß, um Gleichheit zu erlangen. Die Göttin will nicht sein wie ER, SIE IST. Solche Bilder sind es, die uns inspirieren und heilen.

Seite 101

"Lieder auf der Flucht" (1992), Raku 1000°, Steinzeugton, 49cm

Aus meinem 1992 entstandenen größeren Zyklus "Boote".
Vgl. S. 115 und 122

Seite 103

Quellen

Das **Lied der Hopi-Indianer** auf Seite 90 ist wiedergegeben nach Kate Marks, Circle of Song, Full Circle Press 1993, Amherst, USA.

Das Gedicht **Sheila na gig** auf Seite 93 und 94 (erschienen in der Zeitschrift "Goddessing", 1997) stammt von Antiga aus Minneapolis, USA. Im Brief vom 4. September 1998 hat sie der Veröffentlichung in diesem Buch zugestimmt.

Der Titel **Lieder auf der Flucht** (vgl. Seite 115, 122 und 129) stammt aus dem Gedichtzyklus "Anrufung des Großen Bären" von Ingeborg Bachmann.

Im Kommentar zu den Passionstafeln (S. 24ff.) schreibt E. Wieser Schiestl: Meine "Arbeit entstand, während Alexandra Stiglmayer ihre Recherchen über die Vergewaltigungslager im ehemaligen Jugoslawien machte und bevor ich das Resultat in der **'Weltwoche'** lesen konnte." - Der Artikel wird hier dokumentiert:

Demütigung als Waffe: In Bosnien-Herzegowina wird systematisch vergewaltigt, um die Moral des Gegners zu untergraben

Den dicken Bauch unter einem großen bunten Morgenmantel versteckt, stampft die 17jährige Marijana durch den Gang der Petrova-Frauenklinik in Zagreb. Ein typischer Teenager, klein, mit einem etwas trotzigen Gesichtsausdruck. In einem Zimmer am Ende des Ganges wartet ihre Psychiaterin auf sie. In ein bis zwei Wochen wird Marijana ihr erstes Kind bekommen. Kein gewolltes Kind, Marijana will es nicht einmal sehen. Das Kind ist jetzt schon zur Adoption freigegeben.

Marijanas noch nicht geborenes Kind ist das Produkt von hochgerechnet 1350 Vergewaltigungen. Viereinhalb Monate war Marijana in einem serbischen Frauenlager in der Nähe der nordbosnischen Stadt Tesanj festgehalten worden. Der einzige Zweck dieses Lagers war Vergewaltigung, und nach eigener Aussage wurde sie mindestens zehnmal täglich von verschiedenen Männern vergewaltigt. Das macht mindestens 1350 Vergewaltigungen. Im Augenblick, kurz vor der Geburt des unerwünschten Kindes, will Marijana mit niemand mehr sprechen. Sie ist stark depressiv, sagt ihre Psychiaterin Jarmila Skrinjaric. Doch sie hat vorher geredet, mit ihren Ärzten und Journalisten. - Eines Tages im März fielen die Serben in Marijanas Dorf bei Tesanj in Nordbosnien ein, Angehörige irregulärer Verbände. Marijana, deren Vater Moslem und deren Mutter Kroatin ist, ihre siebenjährige Schwester und ihre Mutter arbeiteten gerade im Garten, als die Tschetniks sie überraschten. Die gesamte Horde vergewaltigte die Mutter und Marijana auf der Stelle. Danach wurde Marijana in das Lager gebracht,

ein Holzhaus im nahegelegenen Wald. Marijana war mit zwanzig anderen Mädchen und Frauen in einem Raum untergebracht.
Alle Mädchen und Frauen wurden von unterschiedlichen Männern Tag und Nacht vergewaltigt. Auf dem nackten Boden, gegen die Wand gepresst, von hinten, von vorne, in den Mund, manchmal von mehreren Männern gleichzeitig. In anderen Räumen dieses Holzhauses waren noch mehr Frauen untergebracht, sagte Marijana, sie habe ihr Schreien gehört. Ende Juli verhalf ein als Tschetnik verkleideter Kroate Marijana und elf anderen Mädchen zur Flucht. Manchmal sagte sie, dass es ihr Bruder war, sie weiss es nicht genau. Irgendwie erreichten die Mädchen moslemisch-kroatisch kontrolliertes Territorium, und irgendwie gelangte Marijana dann nach Zagreb, daran kann sie sich nicht genau erinnern. Sie befand sich in einem totalen Schockzustand, sagt ihr Gynäkologe Ivan Kuvacic. Und für eine Abtreibung war es schon zu spät.
Marijana ist ein Fall von wahrscheinlich Zehntausenden. Ende September erklärte der serbische Metropolit Dabro Bosanski Nikolaj, der höchste Würdenträger der serbisch-orthodoxen Kirche in Bosnien-Herzegowina, im unabhängigen Belgrader Fernseh-Studio B., dass er von rund 30 000 vergewaltigten moslemischen und kroatischen Frauen ausgehe, die bereits schwanger sind. Das bosnische Innenministerium schätzt die Zahl der vergewaltigten Frauen auf 50 000. Die Zahl ist deshalb so hoch, weil Vergewaltigungen nicht eine Nebenerscheinung des serbischen Krieges in Bosnien-Herzegowina und der «ethnischen Säuberungsaktionen» sind, sondern ein Ziel, ein wichtiges Element, das offenbar von oben angeordnet worden ist. «Es ist ein System, daran besteht kein Zweifel», sagt die Untersuchungsleiterin der amerikanischen Menschenrechtsorganisation Helsinki Watch. Sie möchte ihren Namen nicht veröffentlichen, weil ihre Nachforschungen in Bosnien-Herzegowina noch nicht abgeschlossen sind. In den vergangenen zweieinhalb Wochen hat sie zusammen mit ihrer Assistentin 50 Frauen, ehemalige Lagerinsassinnen, interviewt. Das Thema dieser Interviews waren eigentlich die Lagerbedingungen. «Doch bis auf wenige Ausnahmen erzählten mir alle Frauen, dass sie vergewaltigt worden sind. Manche wurden zwei, drei Tage in getrennten Räumlichkeiten festgehalten, manche bis zu 40 Tagen. Und in allen Fällen handelt es sich um Gruppenvergewaltigungen.»

Die Vergewaltigungen lassen sich in drei «Arten» einteilen. Erstens wird vergewaltigt, wenn die Serben - Angehörige der ehemaligen «Jugoslawischen Volksarmee», Reservisten, Angehörige der verschiedenen irregulären Verbände sowie Serben aus der Umgebung - in die bosnischen Ortschaften einfallen. Dann wird wahllos gemordet, geplündert, getrunken und vergewaltigt. Davon berichten Tausende von Überlebenden. Alle wichtigen und

gebildeten Persönlichkeiten werden laut diesen Berichten auf der Stelle umgebracht und die Männer von den Frauen undKindern getrennt und in Internierungslager abtransportiert.
In den Lagern, deren es nach Angaben der bosnischen Regierung in Bosnien-Herzegowina 120 gibt, gehen die Vergewaltigungen weiter. In dem Lager Trnopolje bei Prijedor in Nordwestbosnien, durch das Tausende von Moslems und Kroaten gegangen sind, kamen die Vergewaltiger nachts. «Sie leuchteten mit Taschenlampen und suchten sich ein paar Frauen und Mädchen aus», berichtet die 42jährige Enisa Vehabovic aus Prijedor. «Die meisten Frauen und Mädchen kamen nie wieder.» In den fünf Tagen im Juli, die Enisa Vehabovic in Trnopolje verbrachte, wurden aus ihrem Raum rund15 Frauen weggeführt. Nur zwei von ihnen kamen zurück, eine ungefähr 30jährige Frau, die im vierten Monat schwanger war und nach der Vergewaltigung eine Fehlgeburt hatte, sowie ein 14jähriges Mädchen, die Schwester der Freundin von Enisas Bruder. «Sie blutete fürchterlich und schrie ständig: ‹Mama, bring mich zu einem Arzt.›»
Die dritte Form der sexuellen Gewalt gegen Frauen wird in speziellen Vergewaltigungslagern ausgeführt. In Lagern wie dem, in dem Marijana war. Dem Büro der bosnischen Regierung in Zagreb sind 17 solche Lager bekannt, ein Bericht der islamischen Kirche in Sarajevo erwähnt noch weitere. Allerdings ist es schwierig, die Grenze zwischen Vergewaltigungslagern und den Häusern , Hotels oder Restaurants zu ziehen, in denen eine kleinere Anzahl Frauen für einige Wochen festgehalten und vergewaltigt wird.

Berichte von Augenzeugen und Überlebenden

Doch es scheint diese organisierten Vergewaltigungslager zu geben, davon zeugt auch die Aussage der 40jährigen Lehrerin Besima aus dem nordbosnischen Ort Donja Grapska bei Doboj; eine Aussage, die in vielerlei Hinsicht aufschlussreich ist. Als sich Donja Grapska Anfang Juni ergab, trieben die serbischen Eroberer alle Einwohner im Zentrum zusammen und trennten die Männer von den Frauen und Kindern. Dann riefen sie von einer Liste bestimmte Frauen auf, die entweder gebildet, mit einflussreichen Männern verheiratet oder hübsch waren. Besima ist Lehrerin und zudem mit dem Präsidenten der lokalen SDA-Partei, der moslemischen Partei, verheiratet. Sie wurde mit rund 500 anderen Frauen zu einer Mittelschule in Doboj gebracht.

Dort wurde sie 15 Tage festgehalten. Die Tage verbrachte sie mit rund 120 anderen Frauen in der Sporthalle der Schule, die Nächte in einem Klassenzimmer - ausser wenn sie «an der Reihe» war. Jede Nacht mussten zehn bis fünfzehn Frauen in der Sporthalle bleiben und wurden von vielen Männern hintereinander vergewaltigt. «Es waren auch Männer, die ich kannte, Arbeitskollegen meines Mannes», sagt

Besima. «Meistens rochen sie nach Alkohol, und manche von ihnen wurden auch von anderen Serben gezwungen, an den Vergewaltigungen teilzunehmen. Und während der Vergewaltigungen prahlten sie. Sie sagten, nun werdet ihr einen kleinen Tschetnik gebären und unser Volk vermehren, oder, ihr wolltet Izetbegovic (der bosnische Präsident, ein Moslem), da habt ihr ihn.» Auch junge Mädchen von acht, neun Jahren wurden vergewaltigt, berichtet Besima. Die meisten von ihnen verbluteten danach und starben. Die Leichen brachten die Serben für eine Nacht in die Schlafräume, «als Warnung», sagt Besima. Insgesamt acht tote Mädchen habe sie gesehen. Am 23. Juni wurde Besima gegen serbische Kämpfer ausgetauscht, die moslemische Truppen gefangengenommen hatten.

Die Berichte der Frauen lassen das Blut in den Adern gefrieren, und unser zivilisierter Verstand wehrt sich zu glauben, dass im heutigen Europa so etwas geschieht. Vielleicht mit ein Grund dafür, dass die internationale Gemeinschaft dem Wüten der Serben in Bosnien-Herzegowina tatenlos zuschaut. Was nicht wahr sein kann, ist nicht wahr. Ununterbrochen wird verhandelt, wird angeführt, dass ja doch nichts «belegt und bewiesen» ist.
Aber es gibt zu viele Überlebende und zu viele Augenzeugen, die von den systematischen und massenhaften Vergewaltigungen berichten, und es gibt zu viele Übereinstimmungen in diesen Berichten. Und es gibt auch Erklärungen für das monströse Verbrechen.
«Sie dürfen nicht Ihre westlichen, europäischen Kriterien anwenden, sondern Sie müssen einen ganz anderen Ansatzpunkt wählen», sagt Musadik Borogovac, der Leiter der Untersuchungskommission für Kriegsverbrechen des bosnischen Regierungsbüros in Zagreb. «Sie müssen davon ausgehen, dass dieser Krieg von hochintelligenten Köpfen geplant worden ist und von einem Volk, das sich auf einer niedrigen Zivilisationsstufe befindet, ausgeführt wird.»
«Die Vergewaltigungen haben verschiedene Funktionen», erklärt Borogovac. Zum einen stellen sie die Bestrafung der «Verräterinnen» dar. In den Augen der Serben sind die Moslems ehemalige Serben, die während der 500jährigen türkischen Besetzung Bosnien-Herzegowinas den Glauben des Feindes angenommen haben und auf seine Seite übergelaufen sind. Deshalb wird auch auf möglichst erniedrigende Art vergewaltigt; meistens werden die Frauen knieend von hinten vergewaltigt, und die Vergewaltigungen finden öffentlich statt. Andere Serben sind zugegen, aber auch allernächste Verwandte der Opfer müssen zuschauen.
Die Gruppenvergewaltigungen stärken das Band zwischen den Serben. Häufig berichten die Frauen, dass lokale Serben von «auswärtigen Serben» mit Waffengewalt gezwungen werden, an den Vergewaltigungen teilzunehmen. «Damit zwingen die Serben alle anderen Serben, einer von ihnen zu werden,

während der Frau und den zuschauenden Moslems vor Augen geführt wird, dass sie nicht dazugehören», sagt Musadik Borogovac. Und die ehemaligen serbischen Nachbarn und Kollegen «lernen», dass die Moslems verachtenswert sind, was die Hemmschwelle für ihre Vertreibung und Vernichtung, das eigentliche Kriegsziel, senkt.

Verbrechen, zu denen die Welt schweigt

Die Vergewaltigungen und speziell das Schwängern der Frauen stellen nicht nur die totale Erniedrigung der Frau, sondern auch des gegnerischen Mannes dar. Sowohl die serbische als auch die moslemische Gemeinschaft sind stark patriarchalisch orientiert, und es gibt keinen größeren Triumph für den serbischen Kämpfer, als seinem Gegner die Frau, Schwester oder Mutter schwanger zurückzugeben. »Diese Frauen sind eine Botschaft von Mann zu Mann, die totale Degradierung der Frau zu einer Ware«, sagt Nihada Kadic, die in dem bosnischen Verbindungsbüro in Zagreb speziell die Verbrechen an Frauen untersucht. Und N. Kadic geht noch einen Schritt weiter: «Es sind Mädchen und junge Frauen, die in Vergewaltigungslagern festgehalten werden, der reproduktivste Teil der bosnischen Bevölkerung. Dort werden sie systematisch zerstört. Sogar wenn sie lebend herauskommen. Sie glauben ja wohl nicht, dass sie je normale sexuelle Beziehungen haben werden. Es ist Teil des Genozides am moslemischen Volk.»
Die Welt schweigt zu diesen Verbrechen. Zwar sind alle Botschaften im ehemaligen Jugoslawien, das Uno-Flüchtlingskommissariat und das Internationale Rote Kreuz angehalten, die Menschenrechtskommission der Vereinten Nationen über Kriegs- und andere Verbrechen zu informieren. Doch keiner sammelt gezielt Berichte. «Wir berichten über das, worauf wir bei unserer Arbeit notgedrungen stossen», sagt Michael Keats vom Uno-Flüchtlingskommissariat in Zagreb. Von Vergewaltigungslagern hat das Uno-Flüchtlingskommissariat noch nicht gehört, nur von «Vergewaltigungsbanden», die von Ort zu Ort ziehen. Auch das Internationale Rote Kreuz weiss nichts über Vergewaltigungslager. Allerdings kann das Rote Kreuz nur in einem sehr begrenzten Gebiet operieren und muss sich um gute Beziehungen zu den serbischen Machthabern bemühen. Die Lager, die seine Vertreter zu sehen bekommen, sind «Vorzeigelager». Sie dürfen nicht einmal in die Nähe der «Todescamps» und Vergewaltigungslager, von denen Überlebende berichten.
So passiert nichts, es geht einfach weiter. «Die Welt hat einen sehr netten Begriff gefunden, um das alles zu umschreiben: ‹ethnische Säuberung›. Doch es ist die Restauration des Faschismus», sagt Nihada Kadic.

Alexandra Stiglmayer
(Weltwoche, Zürich, 5.11.1992)

Die **Tafeln des Passionsweges** (S.14-23) wurden 1992 in Vierfarbdruck, Fotos Matthias Auer, Zürich, in einer Mappe (Format 16 x 29cm) veröffentlicht, die inzwischen leider vergriffen ist.

Die Skulpturen auf Seite 63, 67, 69, 85 stammen aus dem **Zyklus LUST**. Der Zyklus von Skulpturen ist auf 20 Postkarten veröffentlicht (Fotos von Nikolaus Walter, Feldkirch) und kann mit Begleittext von Dr. Yvonne-Denise Köchli, Zürich, in einem Karton für ÖS 180,-- bzw. DM 28,00 bestellt werden bei:
A: Elisabeth Wieser Schiestl, Mozartstraße 5, A-6845 Hohenems, Tel. und Fax 0043-05576-73124
D: Labyrinth Verlag Gisela Ottmer, Dachsweg 6, D-38126 Braunschweig, Tel. 0049-0531-64259, Fax-681358

Andere Veröffentlichungen des Labyrinth Verlags besorgt jede Buchhandlung (über die Auslieferung VSB), zum Beispiel:

Marjorie Agosin: ARPILLERAS. Lebensbilder aus Chile. Frauenbewegung und Diktatur, 192 S., ISBN 3-9801010-1-0, DM 26,00

Sheila Farrant: DIE KRAFT WEIBLICHER SYMBOLE, 298 Seiten, ISBN 3-9801010-2-9, DM 35,00
S. Farrant, Cambridge, stützt sich auf Erkenntnisse aus Anthropologie und Mythologie sowie auf neuere archäologische Entdeckungen. Sie läßt Göttinnen und berühmte Frauen früherer Gesellschaften lebendig werden und setzt sie in Beziehung zu unserer Gegenwart und Zukunft.

Amei Helm und Gila Antara: HEILREISE (Healing Journey). Lieder und Anleitungen zu Kreistänzen. Buch (126 Seiten) mit 2 CDs, ISBN 3-9801010-8-8, DM 68,00

Carolyn Hillyer: TRAUMWISSEN. Begegnungen mit dreizehn weisen Frauen. Geschichten, Bildtafeln und Lieder. Buch (160 Seiten) mit 1 CD. ISBN 3-9801010-7-X, DM 59,00

Fotos Seite14-23: Matthias Auer, Zürich / S.34, 37, 47, 79, 81, 83, 103: Klaus Dirschmid, Feldkirch / S. 41, 57, 95: Sigrid Hämmerle, Bregenz / S. 49, 87: Othmar Heidegger, Bregenz / S.109: Raphael Itten, Rehetobel / Gerti Lamprecht, Lauterach / S.107o.: Thomas Loacker, Hohenems / S.11, 61: Wolfgang Praxmarer, Innsbruck / S.32, 39, 51, 55: Ruth Strässler, Huntwangen / S.107m.: Rosemarie Voll, Simmersfeld / S.29, 31, 42, 45, 59, 63, 65, 67, 69, 71, 73, 77, 85,89, 91, 92, 101, 107u.: N. Walter, Feldkirch

---

Informationen über **Seminare** und Vorträge mit Heidemarie Krolak Itten: Psycholog. Gemeinschaftspraxis, Bahnhofstr. 15, CH-9000 St. Gallen, Tel. 0041 71 2235443, Fax -8772550.